科学如此惊心动魄·地理 ③

守门人的幽灵马车

漫游意大利

纸上魔方 著

吉林出版集团股份有限公司 | 全国百佳图书出版单位

图书在版编目（CIP）数据

守门人的幽灵马车：漫游意大利 / 纸上魔方著. —
长春：吉林出版集团股份有限公司，2017.3（2021.6重印）
（科学如此惊心动魄 . 地理）
ISBN 978-7-5581-2394-8

Ⅰ.①守… Ⅱ.①纸… Ⅲ.①地理—意大利—儿童读
物Ⅳ.①K954.6-49

中国版本图书馆CIP数据核字(2017)第044348号

科学如此惊心动魄·地理③

SHOUMENREN DE YOULING MACHE MANYOU YIDALI

守门人的幽灵马车——漫游意大利

著　　者：纸上魔方（电话：13521294990）
出版策划：孙　昶
项目统筹：孔庆梅
项目策划：于姝姝
责任编辑：于姝姝
责任校对：徐巧智
出　　版：吉林出版集团股份有限公司（www.jlpg.cn）
　　　　　（长春市福祉大路5788号，邮政编码：130118）
发　　行：吉林出版集团译文图书经营有限公司
　　　　　（http://shop34896900.taobao.com）
电　　话：总编办 0431-81629909　　营销部 0431-81629880 / 81629881
印　　刷：三河市燕春印务有限公司
开　　本：720mm×1000mm　1/16
印　　张：8
字　　数：100千字
版　　次：2017年3月第1版
印　　次：2021年6月第2次印刷
书　　号：ISBN 978-7-5581-2394-8
定　　价：38.00元
印装错误请与承印厂联系　　电话：15350686777

前 言

四有：有妙赏，有哲思，有洞见，有超越。

妙赏：就是"赏妙"。妙就是事物的本质。

哲思：关注基本的、重大的、普遍的真理。关注演变，关注思想的更新。

洞见：要窥见事物内部的境界。

超越：就是让认识更上一层楼。

关于家长及孩子们最关心的问题："如何学科学，怎么学？"我只谈几个重要方面，而非全面论述。

1. 致广大而尽精微。

柏拉图说："我认为，只有当所有这些研究提高到彼此互相结合、互相关联的程度，并且能够对它们的相互关系得到一个总括的、成熟的看法时，我们的研究才算是有意义的，否则便是白费力气，毫无价值。"水泥和砖不是宏伟的建筑。在学习中，力争做到既有分析又有综合。在微观上重析理，明其幽微；在宏观上看结构，通其大义。

2. 循序渐进法。

按部就班地学习，它可以给你扎实的基础，这是做出创造性工作的开始。由浅入深，循序渐进，对基本概念、基本原理牢固掌握并熟练运用。切忌好高骛远、囫囵吞枣。

3. 以简驭繁。

笛卡尔是近代思想的开山祖师。他的方法大致可归结为两步：第一步是化繁为简，第二步是以简驭繁。化繁为简通常有两种方法：一是将复杂问题分解为简单问题，二是将一般问题特殊化。化繁为简这一步做得好，由简回归到繁，就容易了。

4. 验证与总结。

笛卡尔说："如果我在科学上发现了什么新的真理，我总可以说它们是建立在五六个已成功解决的问题上。"回顾一下你所做过的一切，看看困难的实质是什么，哪一步最关键，什么地方你还可以改进，这样久而久之，举一反三的本领就练出来了。

5. 刻苦努力。

不受一番冰霜苦，哪有梅花放清香？要记住，刻苦用功是读书有成的最基本的条件。古今中外，概莫能外。马克思说："在科学上是没有平坦的大道可走的，只有那些在崎岖的攀登上不畏劳苦的人，才有希望到达光辉的顶点。"

北京大学教授/百家讲坛讲师

张顺燕

贝吉塔

阴险邪恶，小气，如果有谁得罪了她，她就会想尽一切办法报复别人。她本来被咒语封了起来，然而在无意中被冒失鬼迪诺放了出来。获得自由之后，她发现丽莎的父亲就是当初将她封在石碑里面的人，于是为了报复，她便将丽莎的弟弟佩恩抓走了。

善良，聪明，在女巫被咒语封起来之前，被女巫强迫做了十几年的苦力。因为经常在女巫身边，所以它也学到了不少东西。后来因为贝吉塔(女巫)被封在石碑里面，就摆脱了她的控制。它经常做一些令人捧腹大笑的事情，但是到了关键时刻，也能表现出不小的智慧和勇气。它与丽莎共同合作，总会破解女巫设计的问题。

克鲁德
小精灵

安得烈

外号"安得烈家的胖子"，虎头虎脑，胆子特别大，力气也特别大，很有团队意识，经常为了保护伙伴而受伤。

主人公介绍

丽莎

胆小，却很聪明心细，善于从小事情、小细节发现问题，找出线索，最终找出答案。每到关键时刻，她和克鲁德总会一起用智慧破解女巫设计的一个个问题。

迪诺

冒失鬼，好奇心特别强，总是想着去野外探险，做个伟大的探险家。就是因为想探险，他才在无意中将封在石碑里面的贝吉塔（女巫）放了出来。

班奈特

沉着冷静，很有头脑，同时也是几个人中年龄最大的。

佩恩

丽莎的弟弟，在迪诺将封在石碑里面的贝吉塔（女巫）放出来后，就被女巫抓走做了她的奴隶。

目　录

目 录

第一章

神秘人的新谜语

"一边是宫殿，一边是牢房……" 这是拜伦的诗歌，写的是威尼斯的叹息桥！

水城威尼斯？！

意大利威尼斯，众人惬意地坐在贡多拉上。

迪诺，这位就是你从网上聘请的导游？

当年亚德里亚海沿岸的居民为了逃避蛮族的入侵，逃到了一座小岛。他们在淤泥中、在水上，用木材和石块建起了这座城市。

水城威尼斯

威尼斯被誉为"水上城市"，是风景如画而又古韵十足的历史名城。城内古迹繁多，有120座哥特式、文艺复兴式、巴洛克式教堂，120座钟楼，64座男女修道院，40多座宫殿和众多的海滨浴场。歌德和拜伦都曾对威尼斯城赞扬备至，拿破仑则称其为"举世罕见的奇城"。

威尼斯全市河道共计177条，市内没有汽车和自行车，也没有交通指挥灯，船是唯一的交通工具。除了小艇以外，所有交通工具都是明令禁止的。

威尼斯城的起源可以追溯到公元452年，当时，人们为了躲避匈奴王阿拉提的入侵而来到潟湖的118个岛屿上，在最不可能建造城市的地方建造了威尼斯。从此以后，水这道天然的屏障，使得人们世代在岛上安全地繁衍生息。

大文豪莎士比亚的文学巨著《威尼斯商人》，记述的就是发生在这座城市的故事。

贡多拉

贡多拉是威尼斯最有情调的交通工具，有十分悠久的历史。11世纪的威尼斯贡多拉盛行，数量超过了一万只，但如今的威尼斯仅剩下了几百只贡多拉。

贡多拉的外观设计原本是各式各样的，外表异常艳丽，贵族们经常乘坐装饰着缎子和丝绸、雕刻精美的贡多拉炫耀自己的财富。为了遏制这种奢靡的风气，威尼斯元老院颁布禁令：不准在尖舟上施以任何炫耀门第的装饰，已经安装的必须拆除，所有的贡多拉都漆成了黑色。唯一留下来供装饰用的只有船头的嵌板。

这一传统一直被保持了下来，如今威尼斯的贡多拉是统一的黑色，只有在特殊场合才会被装饰成花船。

威尼斯是在什么地方上建起的城市？

答：在淤泥中、在水上。

当年威尼斯人为了建造房屋，坚持不懈地到山上去伐木，然后把它们一根一根牢牢地打入水中，先后打入了几百万根硬木桩。为建造威尼斯，意大利北部的森林全被砍完了。因此有人说，威尼斯城上面是石头，下面是森林。

威尼斯人是先在水底下的泥上打下大木桩，木桩一个挨一个，这就是地基。地基打牢了，铺上木板开始盖房子。

大家一定担心木头泡在水里会不会烂掉？威尼斯人把木头经过涂漆、烟熏等方式进行处理，加上浸在水中不跟空气中的氧气接触，愈久弥坚。此前考古者挖掘马可·波罗的故居，挖出的木头坚硬如铁。

第二章

叹息桥

圣马可大教堂

　　圣马可大教堂是世界上最负盛名的大教堂之一，其特点就是希腊式十字架的结构和5个外面镶嵌了马赛克的大圆顶，其正面上部有圣马可的4匹马中的一匹的复制品(正品是镀金铜像，陈列在圣马可博物馆里)。教堂始建于829年，重建于公元1043—1071年，曾是中世纪欧洲最大的教堂，是威尼斯建筑艺术的经典之作。圣马可大教堂融合了东、西方的建筑特色，原为一座拜占庭式建筑，15世纪加入了哥特式的装饰，如尖拱门等；17世纪又加入了文艺复兴时期的装饰，如栏杆等。

　　圣马可大教堂是因埋葬了耶稣门徒圣马可而得名。圣马可是基督教《新约·马可福音》的作者，公元67年在埃及殉难。后来两位威尼斯富商把他的干尸偷运回威尼斯，存放在圣马可大教堂的大祭坛下。从此，圣马可成了威尼斯的保护神。圣马可的标志是带翼的狮子，在威尼斯随处可见。

叹息桥

　　连结着总督府和旁边地牢的，就是威尼斯最有名的叹息桥。桥呈房屋状，上部穹隆覆盖，封闭得很严实，只有向运河一侧有两个小窗。叹息桥建于1600年（另一资料记载1603年），犯人在总督府接受审判之后，重罪犯被带到地牢中，可能就此永别人世。他们走回地牢时必须经过这座密不透气的桥，透过小窗看看蓝天，想到不久将诀别人世，百感交集涌上心头，不由自主地发出叹息之声，叹息桥由此得名。

威尼斯总计
有多少座桥？

答：401座。

威尼斯城市面积不到7.8平方千米，却由118个小岛组成，并以177条水道、401座桥梁连成一体，以舟相通，有"水上都市""百岛城""桥城"之称。

一条反写的S形大运河穿过威尼斯，这就是城里最宽阔的"大街"；蛛网一般密集的小河道，则是威尼斯的"小巷"。有些水道比北京的小胡同还要狭窄，两条船不能同时通过，只能单行。

有水就有桥。连接街道两岸的石桥或木桥，高高地横跨街心，一点儿也不妨碍行船。这些桥造型千姿百态，有的如游龙，有的似飞虹，有的庄重，有的小巧，风格各异。

第三章

歌剧院的守门人

米兰的街头，丽莎一行人行色匆匆。

这座城市竟然有四个机场！其中三个都是大型国际机场！

它还有100多个火车站，其中中央火车站是欧洲最大的。

有这么多机场和火车站一点儿也不奇怪！米兰可是世界公认的时尚之都，米兰时装周更是世界时装的晴雨表！

米兰也是艺术之都，拥有众多的美术馆、博物馆，世界著名大师的作品数不胜数——达·芬奇、米开朗琪罗、毕加索……

时尚之都

　　米兰是世界公认的四大时尚之都（米兰、巴黎、纽约、东京）之一，也是四大时尚之都中最具影响力的城市。

　　它汇聚了众多世界时尚名品，如范思哲、华伦天奴、普拉达、古奇等奢侈品品牌，蒙提拿破仑街是世界最为著名的奢侈品大道，而米兰时装周是世界最为重要的时装周。

　　米兰拥有众多美术馆、博物馆，保留了许多世界著名大师的作品，如达·芬奇的众多手稿，米开朗琪罗的最后一个雕塑，以及拉斐尔和毕加索等大师的绘画。

　　米兰是著名的足球之城，两只著名的球队AC米兰和国际米兰世界闻名。

　　米兰同时也是世界天主教的重地，曾出过多位教皇，在天主教界的影响举足轻重，是世界上教堂最多的城市之一。

斯卡拉歌剧院

　　斯卡拉歌剧院是意大利歌剧的标志，也是世界上最优秀的歌剧院之一。200多年来，斯卡拉歌剧院为世界艺术做出了巨大的贡献。这里一年四季都要演出第一流的节目，包括歌剧、芭蕾舞、音乐会等。许多意大利音乐史上占有重要地位的音乐家都与这座歌剧院的名字相关联，因此它被西方许多音乐家和歌舞演员视为歌剧圣地，以能在此献艺为荣，故有"歌剧之麦加"的称号。

　　歌剧院里有很多豪华的包厢，包厢的拥有人花重金豪装自己的包厢，华丽的包厢给很多人留下深刻的印象。

　　在厢房之上有顶层楼座，供不太富裕的人观看表演。顶层楼座是表演者所畏惧的地带，该处聚集着很多歌剧狂热者，他们有高度的鉴赏力，要么为表演者成功的演绎而着迷，要么为表演者错误的演绎而无情狠批，失败的演出都会被他长期记着。

米兰有多少机场？
多少火车站？

答：米兰有四个机场，其中三个是大型国际机场。马尔奔萨机场离市中心很近，是米兰最大的机场，每年客流量2000万，连接意大利和全世界200个目的地。

琳娜特机场是米兰第二大国际机场，主要运行国内和欧洲航线。

贝尔加莫是米兰的第三个国际机场。

米兰还拥有100多个火车站，其中中央火车站是欧洲规模最大的铁路车站，也是欧洲最大的铁路枢纽之一，年客流量达2亿人。

第四章

最后的晚餐

最后的晚餐

　　《最后的晚餐》这幅画通过传神之笔，充分显露出各人内心深处的灵魂。画中人物手部姿势变化丰富：有的双手按桌、有的转身手握餐刀，有的手中握住赏钱，有的竖指发问……他们虽然姿势各异，但每个人仿佛都在问"是谁出卖了耶稣"。

　　达·芬奇透过这幅画，突出再现了文艺复兴时代最重要的主题——人生与人性。之前的画家们习惯将耶稣的身体画成轻飘飘的。而达·芬奇却采用完全不同的表达方法，将耶稣的人性特质凸显，让人难以察觉他是神的儿子，开创了文艺复兴的崭新境界。

　　可惜由于画面在创作时没有打底就直接将颜料涂在干燥的壁面上，壁画很久之前就出现了裂痕。之后再经过第二次世界大战的摧残和现代空气的污染，加上修复不利，画面已经损坏剥落。

文艺复兴艺术三杰

列奥纳多·达·芬奇（1452—1519），意大利文艺复兴时期最负盛名的美术家、雕塑家、科学巨匠、大哲学家、诗人、音乐家和发明家。正因为他是一个全才，所以也被称为"文艺复兴时期最完美的代表人物"。

除了壁画《最后的晚餐》，达·芬奇最著名的作品还有祭坛画《岩间圣母》和肖像画《蒙娜丽莎》，这三大杰作是世界艺术宝库珍品中的珍品。

米开朗琪罗（1475—1564），意大利文艺复兴时期伟大的绘画家、雕塑家和建筑师，文艺复兴时期雕塑艺术最高峰的代表。举世闻名的雕塑《大卫》就是他的杰作，他的风格几乎影响了三个世纪的艺术家。小行星 3001 以他的名字命名来表达后人对他的尊敬。他用了近六年的时间创作了伟大的教堂壁画《末日审判》。

拉斐尔·圣齐奥（1483—520），简称拉斐尔，意大利画家、建筑师，与列奥那多·达·芬奇和米开朗琪罗并称"文艺复兴艺术三杰"。拉斐尔的绘画以秀美著称，画作中的人物清秀，场景祥和。他为梵蒂冈教宗居室创作的大型壁画《雅典学院》是经典之作。

列奥纳多·达·芬奇

米开朗琪罗

拉斐尔·圣齐奥

丽莎他们到修道院寻找什么？

答：《最后的晚餐》。

在庆祝逾越节（原来是犹太人最重要的节日，后来被废除）的前夜，耶稣和他的12个门徒坐在餐桌旁共进晚餐。这是他们在一起吃的最后一顿晚餐，因为其中的一个门徒出卖了耶稣。耶稣坐在餐桌的中央，用一种悲伤的姿势摊开了双手，示意门徒中有人出卖了他。

大多数门徒因为激动一跃而起，耶稣却忧伤而平静。在耶稣右边有一张灰暗的面容，他朝后倚着，仿佛在往后退缩。他的肘部搁在餐桌上，手里抓着一只钱袋。此人就是那个叛徒犹大，钱袋里装着出卖耶稣得来的30块银币的赏钱。

第五章

幽灵马车

欧洲大陆烹调之母

意大利的菜肴源自古罗马帝国宫廷，有着浓郁的文艺复兴时代的膳食情韵，素有"欧洲大陆烹调之母"之称，在世界上享有很高的声誉。意大利菜多以海鲜作为主料，辅以牛、羊、猪、鱼、鸡、鸭、番茄、黄瓜、萝卜、青椒、大头菜、香葱等烹成。制法常用煎、炒、炸、煮、红烩或红焖，喜加蒜茸和干辣椒，略带小辣，火候一般是六七成熟，重视牙齿的感受，以略硬而有弹性为美，形成醇浓、香鲜、断生、原汁、微辣、硬韧的12字特色。

酷爱面食和葡萄酒的意大利人

　　意大利人喜爱面食，做法吃法甚多，各种形状、颜色、味道的面条至少有上百种，如字母形、贝壳形、实心面条、通心面条，菜汁面条等，还有意式馄饨、意式饺子等。吃意式西餐主要用刀叉，因此，意大利在餐桌上的习惯是吃要尽可能闭嘴，吃喝尽量不发出声音，吃面条要用叉子卷好送入口中，不可吸入发出声音。餐间谈话也宜等嘴中无食物再交谈，否则被认为没教养。

　　意大利人喜欢喝葡萄酒，葡萄酒不仅品种和品牌众多，还是家庭餐桌上顿顿必备的饮料，客人来了更是以酒相待。意大利人喝酒的方式比较讲究，一般在饭前喝开胃酒，又称餐前酒，增加食欲。席间视海鲜或肉类等不同的菜饮用白葡萄酒或红葡萄酒，餐后喝少量甜酒或烈性酒以助消化。

吃意大利菜的顺序是什么?

答：先品尝前菜，接下来是头盘，然后是主食，最后是甜点和咖啡。

意大利餐是按照顺序上菜的，首先是开胃前菜，一般是蔬菜沙拉或海鲜沙拉。接下来的头盘包括汤、面食。主食主要是海鲜盘和肉盘。主食后的甜品琳琅满目，比较出名的有芝士、提拉米苏。其中芝士在意大利十分普遍，种类大概有400种。最后是咖啡或饭后酒。浓缩咖啡或者泡沫咖啡可以帮助消化，最后伴一点儿杏仁曲奇。

第六章

佛罗伦萨的鸢尾花

没文化！三只金色蜜蜂是拿破仑的象征好不好？！

我没看到带三只蜜蜂的标识啊！

佛罗伦萨人不满意这个改变，没有执行这一法令。

马车缓缓减速，在佛罗伦萨的街道上行驶着，众人先后掀起窗幔。

风景如画，不愧是鲜花之城。

阳光下的蓝天白云，真美！

除了蓝天白云，色彩鲜艳的墙壁，深绿色的百叶窗，深红色的屋顶，都是佛罗伦萨的标志色彩。

难怪这里被称为"西方雅典"。

你们快看前面那个大圆顶！真气派！

那是百花大教堂，前后花了150多年的时间，经过几代人的努力才完工。

几代人？佛罗伦萨人可真有耐心！

准确地说，是佛罗伦萨人想要显示他们的地位，所以计划建造当时世界上最大的穹顶。

我觉得这一切都是值得的，百花大教堂已经成了佛罗伦萨的代名词。

世界艺术之都

　　佛罗伦萨是著名的世界艺术之都，欧洲文艺复兴运动的发祥地。市区多中世纪建筑，有40多个博物馆和美术馆，其中米开朗琪罗广场位于亚诺河对岸，是眺望佛罗伦萨的最佳据点，百花大教堂又称"圣母寺"，是佛罗伦萨的地标。这座教堂的大圆顶是世界上第一座大圆顶，是菲利浦·布鲁内莱斯基的杰作。这位巨匠在完成这一空中巨构的过程中没有借助于拱架，而是用了一种新颖的相连的鱼骨结构和以椽固瓦的方法从下往上逐次砌成。

　　佛罗伦萨最为辉煌的时期，要数文艺复兴时期。当时聚集在佛罗伦萨的名人众多，达·芬奇、但丁、伽利略、拉斐尔、米开朗琪罗……众多卓越的艺术家们创造了大量光芒四射的建筑、雕塑和绘画作品，让佛罗伦萨成了欧洲艺术文化和思想的中心。

　　乌菲兹美术馆和巴吉洛美术馆至今珍藏着文艺复兴时期艺术家们的杰作。

但丁的故乡

　　不论是漫步在大街小巷，还是去博物馆、美术馆、教堂参观，都会感受到佛罗伦萨古城那浓郁的文化氛围。伟大诗人但丁就出生在这里，他的故居吸引了许多游人慕名前来。

　　但丁是欧洲最伟大的诗人，也是世界最伟大的作家之一，他的长篇史诗《神曲》举世闻名，因为用意大利俗语写成，对促进民族语言的统一起了很大的作用，也使但丁成为意大利第一个民族诗人。

　　除了前面提到的"艺术三杰"，但丁和意大利的另外两位作家彼特拉克和薄伽丘一起被称为"文坛三杰"。

哪座教堂是佛罗伦萨的代名词?

答：百花大教堂。

百花大教堂是佛罗伦萨的地标，外观以粉红色、绿色和奶油白三色的大理石砌成，展现着优雅高贵的气质，故又称为"花的圣母寺"。

教堂建筑群由大教堂、钟塔与洗礼堂构成，佛罗伦萨的孩童均在此受洗，包括但丁等名人。洗礼堂三扇铜门被赞为"天国之门"，门上刻有《旧约》故事的青铜浮雕。

百花大教堂的拱顶没有采用当时流行的圆拱木架，而是采用鱼骨结构，从下往上逐次砌成。百年之后，米开朗琪罗在罗马圣彼得大教堂也建了一座类似的大圆顶，却自叹不如："我可以建一个更大的圆顶，却不可能比得上它的美。"

第七章

斜塔里的鬼脸人

58

失败的建筑却歪打正着，名扬天下？

正是由于这与众不同的倾斜，吸引了络绎不绝的参观者。

比萨斜塔其实是比萨教堂的一部分，现在斜塔的名气却早已超过教堂，闻名天下。

这斜塔一直这样倾斜着，还是越来越倾斜？

随着时间的推移，比萨斜塔的倾斜度以每年1毫米的速度继续增加。我们意大利人正想尽办法保护它屹立不倒。

它如此出名还有另外一个原因，伽利略曾经在这里做过一个自由落体实验。

那我也要去做个实验！我明天就会名扬天下了！

比萨斜塔第八层的大钟前，众人好奇地打量着。

那是什么啊？

鬼脸人！

鬼脸人无比尖厉的声音响起，在斜塔里荡起古怪的回音，显得异常阴森。同时，一双极细的爪子猛地伸了出来，恶狠狠地掐住了安得烈的脖子。

歪打正着的奇观

　　比萨斜塔其实是比萨教堂的一部分，整座教堂建筑分为主教堂、洗礼堂与钟楼三大部分，坐落在奇迹广场上。比萨斜塔就是教堂的钟楼，呈圆柱形，共有八层，大钟放置在顶层上。

　　比萨斜塔始建于1174年，当工程进行到第三层时，由于地基、建筑结构等原因，塔身出现了倾斜。工程被迫中断，后来又请了新建筑师继续进行此工程，由于担心倾斜会导致斜塔倒塌，工程曾多次停工。在14世纪完工后，塔楼仍然继续倾斜，因而有了斜塔的称号，这独有的特色，使它跻身"世界七大奇观"之列。

　　出生在比萨城的意大利物理学家伽利略，曾在比萨斜塔上做实验，由此发现了自由落体定律，推翻了此前亚里士多德认为的重的物体会先到达地面，落体的速度同它的质量成正比的观点。

比萨斜塔倾斜之谜

　　比萨斜塔之所以会倾斜，是由于它地基下面土层的特殊性造成的。比萨斜塔下有好几层不同材质的土层，而在深约一米的地方则是地下水层。最新的挖掘表明，斜塔建造在了古代的海岸边缘，因此土质在建造时便已经沙化和下沉。

　　比萨斜塔拯救工程开始于1992年春，有关部门放置了600吨铅锭在地下，并用液态氮冻结了周围的土地，使北侧地基高度下降，斜塔重心在重力的作用下逐渐向北侧移动。2年后又在地基里打入了10根支撑物，之后又在塔身下面加了钢箍。1999年10月，开始采用斜向钻孔方式，从斜塔北侧的地基缓慢向外抽取土壤。2001年6月，倾斜角度回到安全范围之内。

比萨斜塔因为什么实验而更加出名?

答：伽利略的自由落体实验。

亚里士多德提出的物体从高处下降的速度与重量成正比的结论，在近2000年的时间里从未有人怀疑过。伽利略却提出了崭新的观点，遭到了比萨大学教授们的讥笑："除了傻瓜，没有人相信一根羽毛同一颗炮弹能以同样的速度下降。"

伽利略决定当众实验。1590年的一天清晨，比萨斜塔下汇聚了熙熙攘攘的人群。

伽利略神色自如，双手分别拿着10磅重和1磅重的铅球，在比萨塔顶同时松开。奇迹出现了，由塔上同时自然下落的两只铅球，同时落在地上。

第八章

比萨饼的故乡

74

红、白、绿三色？那不是与意大利国旗的色彩吻合吗？

比萨饼在意大利不仅仅是食物，它已经发展成一种独特的文化！

75

比萨饼的故乡

  如今全世界每天焙制的几百万个比萨饼，都是大约200年前由意大利那不勒斯的面包师傅首创的。如今那不勒斯的比萨饼店数不胜数，整个那不勒斯就是一座比萨饼城。

  比萨饼在过去是穷人们的食物。1889年的一天，国王和王后玛格丽特想品尝民间的食物。比萨饼店精心准备了3种比萨饼，其中一种以当地的西红柿、奶酪和罗勒制成的比萨饼，不仅口感极好，而且颜色与意大利国旗颜色不谋而合，深受王后喜爱。这种比萨饼就被命名为"玛格丽特"，后来成了意大利人最爱的比萨饼种类。许多意大利人都是以玛格丽特比萨饼为基准来衡量各个比萨饼店的水准。

各种极端齐聚一处的城市

那不勒斯是意大利南部第一大城市，以其丰富的历史、文化、艺术和美食而著称，是地中海最著名的风景胜地之一。这里一年四季阳光普照，人们生性开朗，充满活力，善于歌唱。

千年的坎坷混乱（该市为古希腊人所创建，后来罗马人、诺曼人和西班牙人都在该市留下了自己的印记）孕育出这片与众不同的土地，融合了不同民族的文化和生活痕迹，与意大利其他地方风格迥异。美丽而广阔的那不勒斯海湾，瞬间被岩浆吞没的千年古城庞贝，休憩在一旁蓄势待发的维苏威火山，各种极端齐聚一处。

那不勒斯   那不勒斯的夜景

那不勒斯是什么食物的故乡?

答:比萨饼。

最早的比萨饼是3000年前,由古希腊人在扁平的圆面包上混合馅料而产生的。现代比萨饼则起源于那不勒斯,随后风靡世界。

正宗的那不勒斯比萨饼,规格和制作手法有严格规定:必须用柴火烘烤;面饼直径在35厘米之内;卷边厚度为1至2厘米;要烤成金黄色,不能有焦痕也不能起面泡;中心厚度不能超过0.4厘米。

有趣的是,那不勒斯比萨饼的颜色——罗勒的绿色、奶酪的白色和番茄的红色,正好与意大利国旗的颜色吻合。

第九章

人体化石

遇难者被火山熔岩包裹后，躯体虽腐烂，但在凝固的熔岩中却保存了人体外形的空腔。

然后呢？

考古者将石膏液注入空腔，等其凝固后再清除外部的熔岩。

如此一来，一具具遇难者临终姿态的石膏像就展现眼前！

面对大自然的灾难，人类如此渺小。

这里是全世界最著名的古城遗址！喂，我带你们去那不勒斯吃比萨饼可不是搞慈善活动！

早知道你没那么好心！说吧，你想怎样？

你们赶紧去搜寻一枚刻有"庞贝"字样的金币！

你不是无所不知的幽灵吗？为什么不自己找？

这是主人的意思！再说了，没有那个图案的帮助，就算掘地三尺也很难找到！

什么图案？

幽灵马车没了动静。此时，克鲁德脖子上的项链，突然闪烁着璀璨的光芒，径直对准一个角落。

85

庞贝城

　　公元前10世纪，庞贝只是一个小集镇，主要从事农业和渔业生产。后来，它演变成一座繁华的城市，约有2万居民。它面积约1.8平方千米，环绕有4800多米长的石砌城墙，两条笔直平坦的大街将全城分成9个城区，里面小街小巷纵横相连，路面用碎石铺成。大街两旁有人行道，街宽达10米，铺着整块的大石板；十字路口雕花石砌的水池里满是清凉的泉水。最宏伟的建筑物集中在城西南，这是政治、经济、宗教的中心。庞贝人奔放的个性和整座城市欢愉的风情，至今仍令2000多年后的人们倾倒。

灭顶之灾

地球上有1500座活火山，维苏威是其中最活跃者之一。它海拔1277米，位于意大利西南海岸，俯瞰那不勒斯海湾。维苏威火山一直平静了几百年，人们都以为它是座死火山。公元79年8月24日中午，它突然变成不眠的活火山，带给庞贝城以灭顶之灾。

8月24日中午，闷热的天气令人窒息。突然，一朵奇怪的云从维苏威山顶升起，太阳暗淡下来，接着一声巨响，熔化的岩石以1000摄氏度的高温冲出火山口，火红色的砾石飞上7000米的高空。火山灰、浮石、火山砾构成的"阵雨"在庞贝城下了起来，整个庞贝城被掩埋，最深处竟达19米，曾被誉为美丽花园的庞贝城消失了。

由于被埋，这座古城的城墙、城门、中心广场、大街、商业区等所有建筑被保护得非常完整，再现了2000多年前的罗马人的生活。

丽莎在庞贝古城看到了什么化石？

答：人体化石。

庞贝古城当年商贾云集，是仅次于意大利古罗马的第二大城。不料向来安静的火山，突然张开血盆大口！

多年以后，人们发掘庞贝古城时，发现了许多遇难者的人体化石。火山灰包裹了他们的躯体，凝固了他们最后的姿势——一个母亲与她的女儿紧紧抱在一起；几个用铁链锁着的角斗奴隶蜷缩在墙角；有人在家门口倒下，高举手臂张大口喘着气……

虽然这些人已经逝去近2000年，仍能给每一个来到这里的人以极大的震撼。

第十章

城中之国

众人顺着光芒走去，一枚金币豁然出现在眼前。

上帝啊！金币竟然主动送上门来了！多来点儿吧，狠狠地砸晕我！

哇，这枚金币上真的有"庞贝"字样！

POMPEI

小精灵，看来幽灵马车说的图案就是你项链上的图案。

也就是高棉的守护神说过的和血戒同样的图案。

小精灵，我对你脖子上的项链越来越好奇了！

在梵蒂冈的圣彼得大教堂里，众人被幽灵马车横七竖八地摔落在地上。

这幽灵马车真是神出鬼没，眨眼之间就带我们来到梵蒂冈了。

我在意大利的地图上看到过梵蒂冈这座城市。

请注意你的措辞！你应该说梵蒂冈国！

幽灵马车是不是受到什么刺激了？意大利国土的中央，竟然有另一个国家？

93

城中之国

　　梵蒂冈国简称梵蒂冈，由于四面都与意大利接壤，故称"国中国"，是全世界天主教的中心，也是全球领土面积最小、人口最少的国家之一。

　　梵蒂冈虽然在地理上是一个小国，但因天主教在全球信仰人口众多（约有13亿人口），使其在政治和文化等领域拥有重要的影响力。梵蒂冈的公民大部分是神职人员，包括了主教、神父、修女。

　　圣彼得大教堂是欧洲天主教徒的朝圣地与梵蒂冈罗马教皇的教廷，是全世界第一大教堂。教堂呈罗马式建筑和巴洛克式建筑风格，属世界最大的教堂。教堂1506年破土动工，直到1626年11月18日才正式宣告落成。

梵蒂冈

圣彼得大教堂的来历

圣彼得大教堂又称圣伯多禄大教堂，它是以耶稣的门徒伯多禄的名字命名的。据传，在公元64年罗马皇帝尼禄的统治时期，伯多禄传教到罗马并且殉难在此地。

公元326—333年，君士坦丁大帝在圣伯多禄墓地上修建了一座教堂，称老圣伯多禄大教堂。教堂于公元333年落成，呈巴西利卡风格。

1503年，犹利二世决定重建圣伯多禄大教堂，之后经过长达120年的重建，1626年11月18日，圣彼得大教堂正式宣告落成。

城中之国是哪里?

答：梵蒂冈。

梵蒂冈是世界上领土面积最小的主权国家，也是世界上人口最少的国家。位于意大利首都罗马城西北角的梵蒂冈高地上，四面都与意大利接壤，是一个"国中国"。

梵蒂冈的军队只有100人，称"瑞士卫队"。他们头戴羽饰头盔、身着红黄蓝彩条制服、手持古代长把兵器，威武高大。

为什么叫"瑞士卫队"？1527年，查理五世的军队血洗罗马，其他国家的人全部逃散，只有瑞士人坚守奋战到最后。从此，卫队便专用瑞士人。

第十一章

古罗马斗兽场

那这里岂不是血流成河？

更残忍的是，这种人与兽、人与人的血腥大厮杀居然持续了100天，直到所有的生命都战死。

我仿佛听到了观众地动山摇的呐喊和角斗者的惨烈的哀号声。

对罗马贵族来说，这残酷的格斗却是他们最为之疯狂的游戏。

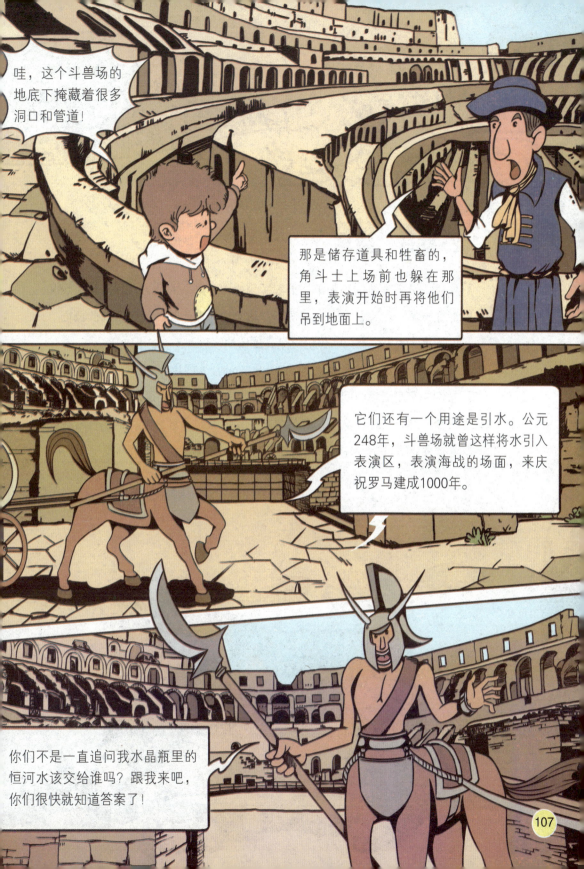

那些角斗士为什么会同意参加如此残酷的厮杀?
大部分角斗士都是奴隶和犯人，他们没有任何自由和权利，生活在社会的最底层。
太血腥残酷了！看来在这里随便抓一把泥土，都可以看到斑斑血迹。
我能闻到浓重的血腥味。

哇，这个斗兽场的地底下掩藏着很多洞口和管道！

那是储存道具和牲畜的，角斗士上场前也躲在那里，表演开始时再将他们吊到地面上。

它们还有一个用途是引水。公元248年，斗兽场就曾这样将水引入表演区，表演海战的场面，来庆祝罗马建成1000年。

你们不是一直追问我水晶瓶里的恒河水该交给谁吗？跟我来吧，你们很快就知道答案了！

古罗马斗兽场

斗兽场又名竞技场，是角斗士与猛兽搏斗、厮杀的地方。罗马斗兽场又称圆形竞技场，在建筑史上堪称奇迹，从诞生的那天起，就是罗马的象征。现在虽只剩下大半个骨架，但仍可见其雄伟的气势。

斗兽场平面呈椭圆形，占地约2万平方米，外围墙高57米，相当于现代19层楼房的高度。场中间为椭圆形的角斗台，相当于一个足球场那么大。

古罗马斗兽场建在臭名昭著的暴君尼禄的宫殿原址之上，这个宫殿在公元64年发生的罗马大火中被烧毁。它能容纳九万观众，观众们从第一层的80个拱门入口处进入，另有160个出口遍布于每一层的各级座位，人群能够通过它们在十分钟内快速疏散。

罗马水道

　　丰富的水资源滋润了整个古罗马，古罗马人不仅修建了完善的水道，而且擅长用各种喷泉装点自己的家园。古罗马城在公元1世纪已有较好的供水系统，历代花费了巨大的人力、财力和物力修建了罗马水道，保证了罗马城的用水。

　　而特里维喷泉是所有喷泉中最著名的一座。它坐落在一座气势非凡的宫殿前，四周环抱有神像、岩石，以一种摄人的气势屹立着，喷泉边无数人在重复从背后抛硬币的动作，期盼梦想成真。

古罗马斗兽场
是做什么用的?

答：斗兽场是古罗马举行人兽表演的地方，参加的角斗士要与一只野兽搏斗，直到一方死亡为止，也有人与人之间的搏斗。

绝大多数的角斗士是来自罗马帝国的奴隶和俘虏。对罗马贵族来说，这残酷的格斗却让他们为之疯狂。格斗分许多种，最有名的是决斗：一方是持三叉戟和网的角斗士，对手是带刀和盾的罗马武士。决斗中失败的一方要由观众决定他的命运：假如观众挥舞着手巾，他就能被免死；假如这些人手掌向下，那就意味着要他死。

第十二章

万神殿里的亡灵

看来万神殿之行凶险万分……咦，这座门好雄伟！

这是古罗马凯旋门中最大、最著名的君士坦丁凯旋门，法国巴黎的凯旋门就是以它为蓝本加以设计的。

它会给我们带来好运的！我们一定会凯旋的！

可我刚才看到了一个破喷泉，一定不是什么好兆头！

你看到的应该是著名的西班牙广场上的"破船"喷泉。在意大利物以老为贵，所以这是个好的暗示。

众人惊悚地回头，只见他们的对面站着一排模糊的影子，看不清五官，但那一张张怪脸却惨白惨白的，在夜色中显得格外恐怖。

难道他们就是幽灵马车说的亡灵？

好可怕！

有鬼啊！快跑！

他话音刚落，那些怪脸一起张开了嘴巴，一团团蓝色的幽火径直朝着众人喷来。

116

永恒之都

意大利位于欧洲南部，阿尔卑斯山脉的南部，东临亚得里亚海，西靠第勒尼安海，南望美丽的西西里岛。7000多千米的海岸线把30.13万平方千米国土面积绕成一长绺形。由于意大利终年受温带大陆气候和亚热带地中海气候的呵护，那里风光秀丽，景色宜人，全国森林面积覆盖率达20%。在这个女士处处优先的国度，人们的时间观念不强，晚到15或20分钟是司空见惯的事。

早在公元前2世纪意大利人就建立了一个强大的罗马帝国。罗马帝国早已不复存在，至今仍为意大利首都的罗马却给我们留下了丰富的文化遗产，它因此被誉为"永恒之都"。

天使的设计

　　万神殿是指供奉罗马全部的神的宫殿，公元前27年为庆祝奥古斯都大帝的胜利而兴建，公元120年增建了圆顶建筑，被米开朗琪罗赞叹为"天使的设计"。

　　在中世纪消灭罗马异教的清洗行动中它逃过一劫，成为罗马时代独创的建筑物中保存得最好的。整个殿堂内没有一根柱子，是建筑史上的奇迹，表现出古罗马的建筑师们丰富的建筑知识和深奥的计算方法。

智慧树

巴黎的凯旋门是以什么为蓝本设计的？

答：君士坦丁凯旋门。

古罗马时代共有21座凯旋门，现在仅存3座，君士坦丁凯旋门是其中之一。

位于古罗马斗兽场西侧的君士坦丁凯旋门，长25.7米，宽7.4米，高21米，其雕塑精美绝伦，与斗兽场共同见证罗马的辉煌。

君士坦丁凯旋门因当年罗马帝国的皇帝君士坦丁而得名。君士坦丁大帝是一位传奇帝王，他统一了罗马。

拿破仑见到君士坦丁凯旋门时大为赞赏，这座凯旋门后来成为法国巴黎凯旋门的蓝本。

120